LÁGRIMAS DE DOLOR:

Mi Vida Con Autismo

Marc Rivera

Editado por Susan M. Shuman

Traducido por Carmen Rivera

"Làgrimas de Dolor: Mi Vida Con Autismo," by Marc Rivera.

ISBN 978-1-62137-469-5 (softcover)

Manufactured in the United States of America.

A todos mis colegas en "La Lista A" y sus familias
que todavía están luchando para ser entendidos

He intentado recrear los acontecimientos y conversaciones según mis memorias de ellos. Algunos nombres, datos de identificación y lugares han sido cambiados para proteger la privacidad de los individuos.

Quiero dar las gracias a los siguientes profesionales por sus contribuciones, conocimiento y otro tipo de ayuda en la creación de este libro:

Susan M. Shuman, Editora

Marilee Emerson, M.Ed.

Barbara Upshaw-Mayers, diseñadora gráfica

Table of Contents

Capítulo Once

Capítulo Doce

Capítulo Trece

Capítulo Catorce

Capítulo Quince

Prólogo

De vez en cuando, tenemos el privilegio de escuchar recuentos de individuos con discapacidades. Se requiere tanto esfuerzo físico como emocional para compartir tales recuentos tan personales. Valor, también.

Por esta razón, creo que es fundamental que leamos, escuchemos y aprendamos de estos recuentos en primera persona.

Marc Rivera es un "Asperger A-lister", un término acuñado por la redactora de Marc para describirlo a él y otras personas con trastornos del espectro del autismo.

Uno de los talentos únicos de Marc es su memoria de acero, que puede ser tanto una bendición como una maldición. Recordando cada experiencia (como si acabara de suceder) puede rápidamente convertirse en una carga, especialmente cuando sus experiencias negativas superan las positivas.

Ser un "A-lister" puede sonar bien, pero tiene sus desventajas. El diario privado de Marc convertido en libro, capta una foto para profesores, padres, estudiantes – todos nosotros – que describen el sufrimiento silencioso de un joven que es diferente.

La Doctora Temple Grandin, una gran conocida, famosa autora y defensora del autismo ofrece esta observación acerca de sus propias diferencias: "Diferente, no menos".

El deseo de Marc a través de sus años escolares puede resumirse en estas simples acciones: ser entendido y tratado con equidad y respeto.

El relato de Marc de sus experiencias de ser incomprendido, criticado y vivir en un estado de ansiedad perpetua son oportunidades para todos nosotros considerar (o reconsiderar) nuestras propias interacciones con las personas que son diferentes a nosotros.

¿Cómo te describiría una persona en su autobiografía?

¿Cómo un individuo que todo lo recuerda, recuerda tus acciones?

Estas son dos preguntas profundas para considerar, para algunos incluso pueden ser una revelación.

A menudo digo, si todavía no conoces a alguien con autismo, es probable que lo hagas. El año pasado, las tasas de prevalencia de trastornos del espectro de autismo era 1 en el 88. Estadísticamente, eso significa que está en nuestro mejor interés saber algo sobre las personas que entran en nuestras vidas, como estudiantes, compañeros, vecinos y amigos.

Cuando Marc y yo hablamos sobre sus experiencias, estuvimos de acuerdo cuando sugerí que todo "A-lister" ha derramado lágrimas de dolor.

¿Qué pasaría si, por nuestras interacciones con otros, tuviéramos la oportunidad de reducir el número de lágrimas?

"La bondad es muy importante", Marc dice esto en su libro. Es una declaración de hecho y de observación. Para Marc, es una plegaria.

Mientras *Lágrimas de Dolor* ofrece a profesores, padres y estudiantes una oportunidad de aprendizaje, ofrece a Marc tanto más.

La escritura de este libro fue un viaje de sanación. Es una invitación a mirar hacia el corazón de un joven que ha luchado por encontrar su lugar en el mundo.

Como educadora de educación especial durante 25 años, reconozco el valor de los recuentos de primera persona. Todavía hay lecciones que aprender, voces para ser escuchadas y futuros daños que evitar.

Aprender a escuchar podría ser una de las habilidades más importantes que podemos desarrollar para vivir en un cambiante, siempre diverso mundo.

La bondad es muy importante.

Marilee Emerson, M.Ed.
Educadora Especial
Fundadora de MyMarilee.com
Orlando, Fl

Capítulo Uno

Bienvenidos a Mi Mundo

¡HOLA! TÚ ME CONOCES. Soy aquel chico en la clase que es, como diría... diferente y el que no encaja en ninguna parte. Soy inteligente en muchas maneras, bueno en las matemáticas y ciencia. Los deportes y la moda son cosas que no me llaman mucho la atención. Soy ese chico raro al que te gusta llamar pazguato, bobo, y Dios sabe qué más. En la escuela, generalmente soy el que es intimidado, maltratado y acosado por ser diferente. Creo que muchos de ustedes hacen eso porque tienen miedo de las personas y las cosas que son diferentes y como yo no encajo en tu idea o perfil de lo que es normal, por lo tanto, debo ser castigado. ¿Sera por eso? El hecho de que a veces hago respuestas inadecuadas, parezco ser inmaduro y el no entender chistes o comprender las implicaciones de las expresiones faciales — significa que soy menos que tu ¿verdad?

¡Incorrecto! La realidad es que tengo una condición llamada el Síndrome de Asperger (Asperger's), una forma de autismo. Toma nota que dije que tengo autismo, pero no quiere decir que el autismo me tiene a mí. No es contagioso, así que no tengas miedo de contagiarte por solo saludarme o por simplemente incluirme en conversaciones. Mi cerebro está conectado de forma diferentemente a la tuya. Eso es todo.

¿Sabías que hay muchas personas famosas y de éxito que han sido diagnosticadas con Asperger's? Personas tales como Satoshi Tajiri, el inventor de Pokémon™, Vernon L. Smith, Laureado de Premio Nobel en Economías, y Phillipa "Pip" Brown, conocida como Ladyhawke, la estrella de rock, fueron diagnosticadas con la esta condición. Apuesto a que ustedes no se unirán en su contra, ¿verdad?

Aunque no lo creas, hay algunas ventajas de estar en la "Lista A" de Asperger's. Mi memoria es fenomenal. Soy creativo, tengo intereses únicos y puedo fácilmente capturar y retener el más pequeño de los detalles. Si me dieras la oportunidad, también sería un gran amigo, ya que las personas con síndrome de Asperger tienden a ser leales, confiables, serios y honestos. Claro que también hay algunas desventajas evidentes a esta condición. Por ejemplo, es difícil para mí discernir una mentira, evito el contacto visual y me siento incómodo si me abrazan. Los ruidos me asustan y encuentro difícil reconocer tonos de voz de la gente e interpretación de lenguaje corporal.

No hay duda. Tú y yo vivimos en dos mundos diferentes, pero eso no significa que no podemos aprender el uno del otro y ser amigos. Las páginas siguientes describen cómo es la vida en la "Lista A" de Asperger's. Mi esperanza es para ayudarte a entender mejor lo que es ser yo.

Eres bienvenido en mi mundo. Por favor, no tengas miedo de dejarme entrar al tuyo.

Capítulo Dos

Jardín Infantil - Cumpliendo Sentencia

MI PRIMERA VERDADERA INTERACCIÓN con el mundo exterior fue cuando mis padres me inscribieron en un centro de jardín infantil para mi cuidado en Nueva York. Me sentía como prisionero y lloraba todos los días — sentía como si la ansiedad causada por la separación de mi familia me mataba. Yo quería estar con mi abuela, quien cuidaba de mí mientras mis padres trabajaban. No quería ir al baño y me negaba a comer. Muchas veces, me mandaban a la casa al mediodía, lo cual me encantaba.

Uno de los maestros tenía una voz fuerte que me asustaba terriblemente. La mayoría de los niños con síndrome de Asperger no pueden soportar ruidos de ningún tipo. Fue mi mala suerte que me tocó estar en su clase. ¡Fue entonces cuando las cosas realmente se pusieron feas! A causa del miedo lloraba constantemente. Nadie entendía por qué, y nadie intentó averiguar. Supongo que sólo me dejaron al lado como un niño problemático y llorón.

Una de las actividades que hacían en el Centro era un juego llamado "Mostrar y Contar". Un día uno de los niños trajo un pequeño autobús de juguete para mostrar a la clase y cuando fue mi turno de jugar con el autobús fue como de inmediato, había formado un apego instantáneo al juguete. No quería devolverle el juguete al niño por más que todos me decían que no era mi juguete y tenía que devolverlo. Finalmente, devolví el autobús al niño pero fue una prueba muy dura.

No estaba acostumbrado a esto, nunca había tenido que tratar con algo parecido en mi casa. ¡No me gustaba ese sitio!

Capítulo Tres

Escuela Primaria: Una Pesadilla

¡CARAMBA, Y CREÍA QUE EL JARDÍN de la infancia era difícil! Desde el primer día que entre a la escuela primaria, era un hombre marcado — marginado por la sociedad. Empezó por yo no querer comer la comida de la cafetería. A veces, como todas las personas, yo no sentía hambre o a veces simplemente no me gustaba la comida. Un día, una de las maestras intentó hacerme comer un bocadillo de huevo por el cual yo no tenía absolutamente ningún interés. Empezó a gritarme cuando traté de explicar que no me gustaba. Me habló en una voz severa, enojada. ¡Nunca olvidaré ese tono de voz!

"¡Párate!" Su voz era baja y letal. Estaba tan asustado y confundido que me puse a llorar. Ese día, incapaz de detener el constante flujo de lágrimas, me mandaron a casa temprano. Una situación similar ocurrió con un vaso de leche que no quería tomar. Parecía como si cada mañana esta maestra encontraba algo por el cual gritarme. ¡Qué problema! Finalmente, encontré una solución — decirle a las maestra que ya había comido desayuno en casa. Pasaba hambre, pero al menos nadie me gritaba y me ponía nervioso.

Con ese problema resuelto se presentó otro desafío: mis compañeros. Eran simplemente malos. Un chico llamado Donald siempre quería jugar rudo. Él sabía que no me gustaba porque se lo dije. No le importaba. Seguía golpeándome — y la parte que yo no entendía era que, después de cada golpe - Donald preguntaba "¿Quién te pegó?" Luego me pegó otra vez y seguía repitiendo, "¿Quién te pegó, eh? ¿Quién te pegó?" Claramente, era él pegándome, así que yo no le veía el sentido de su pregunta. Desconcertado, me quedé ahí mientras me pegó tratando de entender lo que esperaba de mí. No recuerdo si lloré o no pero la situación me dejó confundido, asustado y ansioso.

También había un chico llamado Norberto que le gustaba poner sus manos sobre mi cara. Odiaba cuando hacia eso y él lo sabía. Cuando se cansaba de tocar mi cara, Norberto me fastidiaba repetidamente preguntando: "¿Qué es esto?"

"¿Qué es esto?" No importa cuántas veces le contestaba la pregunta, me seguía preguntando lo mismo. No tenía sentido para mí el por qué alguien haría eso. Confundido y ansioso, estallaba en llanto y Norberto se reía y me llamaba un llorón.

¡Por más que trataba, yo no podía ganar!

Ah, y luego hubo un horrible día cuando los demás niños descubrieron que gritar mi nombre como una manada de lobos me haría llorar lágrimas de dolor. La gente en la "Lista A" como yo no puede tolerar ruidos fuertes, así que puedes imaginar cómo me sentía con una pandilla de niños gritándome todo el tiempo. Yo no lograba a entender porque me gritaban. Yo estaba allí cerca y los escuchaba. No tenían que gritar. Esta fue una de las muchas veces que añoraba tener un amigo.

Así es para algunos de nosotros con el síndrome de Asperger. Simplemente no vemos el mundo de la misma manera que tú lo ves. Lo vemos todo a través de un lente ligeramente distorsionado. Es por eso que procesamos lo que vemos y nuestras experiencias de una manera bien diferente. Además, es difícil para nosotros evaluar una situación con precisión, evaluar el estado de ánimo de las personas y sus intenciones y discernir lo que es y no es un comportamiento aceptable. En otras palabras, la mitad del tiempo no nos damos ni cuenta que estamos siendo intimidados. En lugar de pelear o defendernos, aplicamos lógica y pensamiento crítico en un intento de establecer una conclusión racional. Mientras intentamos dar sentido a una situación sin sentido, estamos siendo atormentados, burlados e incluso atacados. Muchas veces esto es lo que provoca los ataques de ansiedad. Los niños con Asperger's son un blanco fácil. Es como andar con un letrero en tu espalda que dice "por favor, dame un puntapié" y desgraciadamente muchos toman ventaja de eso.

Hablando de la ansiedad, aún puedo oír mi abuela gritando, "¡vuelve aquí!"

Ese día, después de la escuela, el autobús me dejaba delante de mi casa. Todos los días, mi abuela me esperaba en la puerta del frente. Era un viernes por la tarde, nunca lo olvidaré. Una vez que el autobús me dejó, vi a mi abuela esperando en la puerta y en lugar de ir dentro de la casa como de costumbre, me escapé. Hasta este día, no sé por qué pero sólo empecé a correr como un loco. Mi abuela intentó seguirme, gritando, " ¡Marc, vuelve!" pero yo seguí corriendo. Corrí y corrí sin tener a donde ir.

Había un perro ladrando en frente de una de las casas que había pasado, lo que me hizo correr aún más rápido. Tengo terror a los perros. Finalmente, llegué a la casa de mi tía María que estaba a pocas cuadras de mi casa. Llamé, pero mi tía no respondió a la puerta. Ya no vivía allí.

Con ningún otro lugar para ir, comencé a caminar de regreso a mi casa. Es entonces cuando vi a mi mamá. Estaba corriendo por la calle, llamando desesperadamente mi nombre. Corrimos uno al otro, y puso sus brazos en un abrazo grande y perfecto. ¡No hay nada como un abrazo de tu mamá!

Más que nada en el mundo, necesitaba ese abrazo.

Juntos, mi mamá y yo caminamos hasta casa. Durante mi ausencia, alguien había llamado a la policía. La policía me preguntó si me asustó al perro y le dije que no. No sé por qué me escapé de mi casa. Era como si yo estaba en mi propio mundo o algo así. Mi madre y mi abuela estaban preocupadas. Temían que me sucediera algo bien malo. Yo también tenía miedo. Mirando atrás, todas clases de cosas malas me podrían haber pasado.

No sólo muchos de los niños me daban mal tiempo, si no que algunos de mis profesores también me hacían la vida imposible. Pensé que los profesores estaban allí para cuidar de los niños y ayudarlos a aprender, pero aparentemente, en algunos casos, no fue así. Me pregunto por qué algunos de los maestros no tenían ni idea de cómo enseñar cuando se trataba de niños con trastorno de Asperger. ¿Es que no entienden que los niños como yo procesamos información diferentemente? Hace sentido pensar que si una persona estudia para maestro debería tomar ciertas clases para poder trabajar con toda clase de estudiante.

Mientras todavía vivía en Nueva York, fui trasladado a otra escuela para tercer grado. Me alegre mucho porque era lo suficientemente cerca a la casa y mi mamá me llevaba y me recogía de la escuela todos los días. Me dio tanta alegría no tener que montar el autobús escolar. Por desgracia, mi alegría duró poco. La nueva escuela resultó ser sólo otra pesadilla para mí.

En la nueva escuela, me pusieron en el programa de "mainstream", lo que significa que en vez de estar en una clase con pocos alumnos, estaría en una clase de más de veinte estudiantes. ¡Esto fue un gran cambio para mí! ¡No solo tuve que tratar de acomodarme a este nuevo sistema de clase, sino que tuve que luchar con la maestra, lo cual era totalmente frustrante! Su nombre era Sra. Gordon. Estar en su clase era terrible — lo que viví con ella, no se lo desearía a nadie

La Sra. Gordon constantemente me gritaba, "¡Marc, no estás escuchando!" y escribía con frecuencia en mis páginas de deberes "¡esta no es la tarea!". La Sra. Gordon utilizaba un tono áspero conmigo, el cual me ponía sumamente nervioso. A veces también escribía "¿el hizo esto por sí mismo?" en mis tareas. A veces yo pensaba…..si ella supiera cuánto estaba yo tratando de adaptarme a esta nueva situación de "mainstream". ¡Ella no tenía ni idea!

Una vez me hizo llorar cuando ella estalló gritando, "¡Cuando te pido si tienes algo para mí, significa que deberías darme el dinero del almuerzo al comienzo del día!" ¿Bien, pues por qué no dijo eso entonces? ¿Cómo iba yo a saber qué es lo que quiso decir? Se dirigía a mí como si no entendió por qué no entendí. Me sentí tan perdido. Mi timidez inherente no ayudó, tampoco. No sabía qué hacer.

En la escuela, yo vivía en un mundo de perpetua ansiedad. Hasta tenía miedo de abrir mi cuaderno por temor a que la Sra. Gordon me gritara por lo que hice o no hice. Eso, junto al maltrato y acoso de mis compañeros de clase era suficiente para volverme loco.

Mi confusión en la escuela se intensificó, porque ya no estaba en clases de la educación especial. Mis padres estaban conscientes de la situación y trataron de transferirme a otro maestro, pero la escuela no cooperaba. Mi mamá constantemente visitaba la escuela para hablar con el director. Me esforcé mucho para entender lo que estaba pasando, pero no importa lo que hiciera ni por más duro que tratara, esta maestra no me daba un chance. Había hecho de mi vida un infierno. Ningún niño debería tener que vivir un infierno. Constantemente me sentía solo, con miedo y completamente perdido. Parecía como si fuera un extraño de otro planeta. Pienso que a la Sra. Gordon ni le importaba ni entendía mi esfuerzo para adaptarme al cambio. Mi mundo se convirtió más aterrador y confuso cada día. Me preocupaba todo el tiempo. La sola idea de ir a la escuela causaba tantas lágrimas de dolor. Odiaba a ese lugar.

¡Oh, cómo odiaba ese lugar! ¡Imagínate mi alivio cuando mi familia decidió mudarse a la Florida más tarde ese año!

Capítulo Cuatro

Angustia en la Carretera

CUANDO CAMBIÉ DE ESCUELA en Nueva York, mi mamá me llevaba y me recogía de la escuela todos los días. Esto me encantaba porque evitaba encontrarme con los niños en el autobús que tanto me hacían la vida imposible.

Luego nos trasladamos a Florida. Este movimiento trajo muchos cambios. Niños con Asperger's no son muy amantes del cambio. De hecho, les aterroriza.

En primer lugar, el nuevo empleo de mi papá requería que se reportara a trabajar bien temprano en la mañana. Mi mamá también trabajaba de madrugada y mi hermano tenía que estar en sus clases temprano también.

Esto significa que no me quedó otra alternativa que viajar en el autobús para ir a la escuela, el autobús donde sin duda me encontraría con el maltrato de los otros niños. El terror comenzaba en el momento que abordaba el autobús y continuaba durante todo el día. Trata de imaginar lo que se siente al despertar cada mañana con temor y angustia y luego pasar el día tal como lo habías imaginado, a veces peor. Si no eran los niños burlándose de mí hasta que me hacían llorar lágrimas de dolor, eran las maestras gritándome porque no entendían el síndrome de Asperger. Después de nuevo en el autobús a soportar más insultos. En las tardes y noches, luchaba por completar mis tareas, pero ¿quién puede concentrarse con la preocupación de más intimidación al otro día?

¿Te imaginas tener miedo de ir a la escuela? Puede suceder cualquier cosa, y nunca será buena. — los que maltratan son buenos innovadores. Yo nunca sabía cuándo ni cómo la intimidación comenzaría, cuál sería el tema, ni el resultado. Quién sabe si terminaría siendo atacado físicamente. De una cosa si estaba seguro...sabía que yo siempre terminaría sufriendo el dolor interno, sentimientos heridos, y humillación.

La única palabra que describe exactamente mis años escolares es **tortura.**

Un día, ya no soportaba más. La parada del autobús escolar estaba a poca distancia de nuestro apartamento y mientras caminaba, vacilé. Seguí caminando pero tomándome mi tiempo. Me detuve aquí y allá, como si tuviera todo el tiempo del mundo y sin ningún lugar particular para ir.

Una señora, que al parecer vivía en el mismo complejo de apartamentos, se me acercó y me preguntó si estaba consciente de que el autobús se había ido sin mí. No le contesté y entonces procedió a acompañarme a casa. Mi abuela nos saludó en la puerta y ella y la señora hablaron en español. No sé exactamente lo que dijeron, pero cuando mi papá llegó a casa, también se dio cuenta que el autobús se fue sin mí.

El tono de la voz de mi papá me asustó. Generalmente no me hablaba de esa forma y para mí fue inquietante y confuso. Mi mamá parecía estar enojada, también. Ninguno de los dos entendía por qué había perdido el autobús. Cuando pasó nuevamente al día siguiente y varias otras veces, toda mi familia estaba enfadada conmigo. No entendían que la razón por la cual deliberadamente perdí el autobús era porque no quería ir a la escuela. De verdad, realmente no quería estar allí.

Después de eso, mi mamá me acompañaba a la parada de autobús para asegurarse de que iría a la escuela.

En el autobús había niños entre las edades de jardín de infantes hasta el quinto grado. Nadie quería que me sentara con ellos. Siempre se me hacía difícil encontrar un lugar para sentarme, y el conductor del autobús no podía mover el autobús a menos que todos estuviesen sentados. Esto siempre me ponía nervioso porque nadie me quería a su lado. Siempre le iba a molestar a alguien no importa donde me sentara. ¿Qué iba a hacer? No sabía lo que es estos chicos querían de mí. Yo solo quería un asiento para que el conductor no me regañara porque no me había sentado.

Además del problema con los asientos, otra de las razones por la cual odiaba viajar en el autobús era porque a los niños les encantaba burlarse de mí con preguntas necias. Me preguntaban si me gustaba "doogies." No sabía qué era eso de "doogies", así que le dije que me gustaban. Todos se reían de mí. El ruido era insoportable. Me sentí confundido y no sabía qué hacer.

Una de las peores cosas que me sucedió en el autobús fue cuando Anita me preguntó si me gustaba Bela, una chica a la cual yo ni siquiera conocía. Puesto que siempre le decía sí a todo para ahorrarme problemas, le dije que sí, me gustaba Bela. Cuando esto llego a los oídos de

Bela ella actuó como si fuera uno de los insultos más grandes del siglo que alguien como yo dijera eso. Esto me hizo sentir aún más tenso y desconcertado y odiaba más que nunca montar el autobús.

La situación se intensificó cuando comenzaron a preguntarme si me gustaban los muchachos y otras preguntas que no voy a mencionar. Fue entonces cuando empecé a decir "no". Una y otra vez me hacían las mismas preguntas estúpidas para tratar de hacerme decir que sí.

No me pregunten por qué. No lo sé.

Otra cosa que me molestaba en la escuela era que los niños siempre estaban pidiéndome que le diera mi papel de cuaderno. A veces me pedían seis o siete páginas a la vez…… todos los días. Lo que yo no entendía era por qué los niños me querían quitar mi papel cuando ellos ya tenían un montón de su propio papel. Determine que estaban tomando ventaja de mí, pero siempre les daba el papel porque temía lo que hubiera pasado si no se los daba. A menudo me pregunto lo que mis padres deben haber pensado, siempre tener que comprarme más y más papel.

Capítulo Cinco

Angustia de un Estudiante de Cuarto Grado

DURANTE EL VERANO ENTRE el tercer y cuarto grado mi familia se mudó a una nueva casa. Es decir, que iniciaría el cuarto grado de primaria en una escuela nueva. Mi maestra era la Sra. Enfield. Ese año tuve un sin fin de problemas.

Me sentía perdido y todo parecía estar en "avance rápido". No me podía estar tranquilo en mi asiento durante la clase. Todo era tan rápido y no me podía mantener al corriente de los cambios y todo lo que estaba pasando a mí alrededor. Mis calificaciones habían ido cuesta abajo, probablemente porque no entendía cómo hacer mis tareas. Por alguna razón, muchas veces simplemente no me molestaba en traer mis tareas a casa conmigo. Una vez que mi mamá me ayudó con la tarea yo sabía que estaba todo correcto. De hecho, estaba ansioso de entregar mi trabajo a la Sra. Enfield. Ella estaría orgullosa de lo bien que había hecho.

Lamentablemente, no sé por qué, no entregue la tarea. No sé cómo explicar, pero a veces los niños con síndrome de Asperger hacen cosas así.

Lo que realmente me hacía vueltas en la cabeza era cuando había preguntas de desarrollo en las pruebas. Las respuestas, por supuesto, tenían que ser coherente y bien pensadas. Cuando comenzaba a escribir, mi cerebro empezaba a lanzarme un montón de información todo a la misma vez a toda velocidad. No entendía lo que mi cerebro me estaba diciendo. Era como un huracán de información golpeando alrededor en mi cabeza. Yo solo hacía lo mejor que podía.

En la nueva escuela también me tocó lidiar con intimidadores. La clase de educación física fue una experiencia horrible. Ninguno de los niños me quería en su equipo. Todos me rechazaban. La humillación y el dolor trajeron una inundación de lágrimas a mis ojos.

Para empeorar las cosas, yo era un espectáculo de comedia, una fuente de risas y diversión para mis compañeros de clase. Por ejemplo, el hecho de que no pudiera hacer abdominales por más que tratara, resultaba en ellos reírse de mí hasta más no poder. También, en varias ocasiones tenía problemas atando los cordones en mis zapatos. Esto era difícil para mí. Era como si mis dedos se negaban a cooperar con mi cerebro y viceversa. Los niños se reían en voz alta ruidosamente mientras yo nerviosamente y de manera torpe trataba de atar los cordones de mis zapatos. Esta vez empecé a llorar de puro pánico y miedo. El ruido de sus risas no ayudó tampoco. Finalmente les dije que no sabía cómo atarme los zapatos, lo cual era mentira, pero yo solo quería que me dejaran tranquilo. Yo sabía cómo atar mis zapatos, pero en ese momento no podía pensar con todo el ruido a mí alrededor. Eso sólo les hizo reír más fuerte. ¡No había manera de ganar!

Otra cosa era, que por alguna razón, les gustaba bajarme mis pantalones. Me decían, "¡Ese es el estilo, Marc!" No me importaba si era o no el estilo. ¡Yo no quería estar mostrando mi ropa interior y eso es todo! ¡Por eso lo llaman ropa interior!

Me arreglaba los pantalones y ellos me los bajaban de nuevo. Esto me avergonzaba terriblemente. Nada de esto hacía sentido. Pensaba que todo lo que querían hacer era burlarse de mí y tomar ventaja. Mirando hacia atrás, lamento que no hubiera dicho a mis padres sobre todos los problemas que tenía en la escuela.

Tal vez podrían haber hecho algo para ayudarme y protegerme.

Me pasaba igual en la clase de arte. Una mañana intente sentarme con Davy y Carl, pero dijeron, claro, que yo no era bienvenido. Fuimos de acá para allá durante unos minutos. Traté de convencerlos de que me dejaran sentar, pero fue inútil y hasta me empujaron. Finalmente, mis sentimientos estaban tan gravemente heridos que no pude ahogar las lágrimas. Además, tenía miedo. ¿Por qué era tan malo el mundo? ¡Me había esforzado tanto! ¿Qué había hecho yo para merecer ser tratado de esta manera? Era desconcertante.

Fui a la oficina y me quedé allí el resto del día, negándome a volver a la clase de la Sra. Enfield. Todo lo que quería era irme a mi casa. Siempre que estaba en la escuela, todo lo que quería era estar en casa.

Al día siguiente pretendí estar enfermo y mi mamá me dejó quedarme en casa. ¡Que maravilloso era poder disfrutar de un día completo sin las burlas de los niños malvados! Fue un buen día para mí. Al día siguiente pretendí estar enfermo otra vez, pero mi mamá no me creyó.

"Marc, tienes que ir a la escuela".

Mi corazón se hundió. Me sentía nervioso por dentro y quería vomitar. Lentamente me preparé para irme a la escuela. Finalmente me dirigí hasta el autobús, pero entonces di la vuelta y empecé a caminar de nuevo hacia mi casa. Mi abuela comenzó a gritarme en español. No estoy seguro de sus palabras exactas, pero supongo que ella estaba diciéndome que volviera a la parada de autobús.

Mientras caminaba, el autobús se detuvo a mitad de camino, supongo para darme chance de abordar, pero yo solo pude quedarme parado y mirarlo. El conductor abrió la puerta y me esperó, pero yo simplemente no podía moverme. Solo me quedé ahí, mirando. Mis pies se negaron a moverse. Finalmente, el conductor se encogió de hombros y se fue sin mí. Lo miré irse y volví a mi casa. Fue entonces que llamé al 911 y les dije que no podía respirar. Aparentemente estaba teniendo un ataque de pánico.

Aunque ese día tuve problemas con mi familia por perder un día de clases, no se compara con el infierno de estar en el autobús y en la escuela. Supongo que la lección que aprendimos ese día fue que yo era propenso a ataques de pánico.

A partir de entonces mi papá comenzó a llevarme y a recogerme de la escuela. Me preocupaba mucho de lo que me pudiera pasar en el autobús, junto con el hecho de que ninguno de los chicos me dejaría sentarme con ellos. Estaba seguro que esto es lo que causó mi miedo a los autobuses de la escuela. Con mi papá me sentí seguro, por fin, al menos hasta que llegara a la escuela.

La hora de almuerzo en la cafetería era otra tragedia para mí. Otra vez, yo no era bienvenido a sentarme con los otros niños durante el almuerzo, ya que ninguno me aceptaba. De hecho, algunas veces terminé comiendo el almuerzo de pie.

Una vez estaba parado en la fila esperando por mi bandeja y uno de los niños, Cameron, me acusó de "colarme" en la línea. Me empujó encima de un grupo de otros niños, y entonces los niños me empujaron encima de Cameron. Luego repetían, empujándome de un lado a otro. Así continuaron un gran rato. Me acuerdo que tenía tanto miedo porque se reían y comenzaron a empujarme más duro y más rápido. Me sentía mareado y sentía ganas de vomitar.

Más tarde en clase, Cameron chocó su escritorio con el mío y me lastimó mi dedo. No sé por qué lo hizo. ¿No fue suficiente empujarme en la fila del almuerzo? Entonces, cuando la Sra. Enfield se enfureció y empezó a usar ese tono de voz que me asusta, Cameron me culpó a mí, cuando él fue el que chocó su escritorio en el mío. ¡No fue mi culpa! Todo estaba ocurriendo tan rápido a la misma vez y yo no podía mantener el ritmo de todo a la vez. Lágrimas de dolor empezaron a salir de mis ojos. La Sra. Enfield me dijo que dejara de llorar. No entendía en absoluto. Ella fue a buscar una curita de su escritorio, pero eso no era lo que yo necesitaba. Mi dedo estaba lastimado, pero mi dolor era por dentro, aunque nadie lo sabía porque yo no podía decírselo, no sabía explicarle lo que estaba sintiendo. Estaba confundido y en pánico.

Fue otro día desconcertante en la vida de Marc Rivera.

Capítulo Seis

Quinto Grado: Tratando de Ser Aceptado

ENTONCES COMENCÉ EL QUINTO grado. Mis palabras para describir ese año: malas noticias. Tenía aún más problemas que en el cuarto grado...... más lágrimas. Una memoria que recuerdo muy bien fue un episodio en la clase de educación física. Se suponía que iba a ser parte del equipo de Rob, pero por supuesto, Rob no me quería en su grupo. La maestra obligó a Rob a que me aceptara como miembro de su equipo, pero Rob de verdad no me quería aceptar y, supongo que para desquitarse, empezó a gruñir como un tigre. ¿Te imaginas? Esto me tomó de sorpresa y del puro susto, comencé a llorar. ¿Cómo es posible que un niño reaccione como un animal solo porque yo estaba en su equipo? ¡Era solo un juego — no una guerra mundial!

Traté de resolverlo en mi mente, pero para mí, no tenía ningún sentido. Y así fue que la intimidación continuó en quinto grado en mi nueva escuela.

En otra ocasión, estos dos chicos en mi clase de educación física, Kris y Jared, me querían obligar a bailar. Yo no quería, pero seguían insistiendo, así que finalmente lo hice. Bailé un par de veces, pero luego me negué a bailar más. ¡No quería bailar! Además, sabía que se estaban aprovechando de mí. Incluso una de las chicas, Teri, seguía diciéndome que bailara una y otra vez, pero yo no lo hacía. ¡Yo no entendía exactamente lo que estos chicos querían de mí!

Hubo otro niño llamado Byron que quería cambiar asientos conmigo en clase. Me decía que si no cambiaba asientos con él, me cortaría la cabeza y que no estaba bromeando. Yo, por supuesto, le creía porque niños con Asperger's toman todo literalmente. Lloré duras lágrimas de dolor por eso.

Sentimientos heridos es algo que se te queda grabado. Un golpe en la nariz se cura, pero el dolor interior permanece para siempre.

El resto de mi quinto año en la escuela continuó mucho de la misma manera. Kris siempre empujándome, Teri y Byron llamándome idiota y pájaro bobo, mofándose de mi pelo y diciendo que yo olía mal. Esas fueron algunas de las cosas más humillantes que soporté.

¿Sabes? El término "idiota" es una de las palabras más feas que puedes lanzar a alguien. Si lo miras, en el diccionario se habla de un idiota a ser una de las formas más bajas de retraso mental. Es mejor tener una "etiqueta" de "estúpido", que de ser llamado un "idiota". La gente no se da cuenta de cuánto palabras pueden herir a alguien. Tal vez menospreciando a alguien hace que algunas personas se sientan superiores a otros y para que ellos puedan sentirse superior, tienen que hacer que alguien se sienta inferior.

La bondad es muy importante.

Capítulo Siete

Hogar, Dulce Hogar

LA VIDA EN EL HOGAR presentó sus desafíos también, pero nada como el tormento que afrontaba en la escuela.

Me acuerdo que a veces miraba un programa de muñequitos en la televisión que se llamaba Ron y Stinky donde a veces tocaban una canción que se llamaba Claire de Lune. La canción tiene una melodía triste, inolvidable que siempre solía hacerme llorar. Hacia llorar a Stinky también. El problema era que mi mamá no entendía porque yo lloraba. Ella me preguntaba y yo trataba de explicar a mi manera que era porque Stinky, como yo, no tenía amigos y también vivía marginado por la sociedad. Realmente me recordaba las cosas malas que me habían sucedido en la escuela y las otras cosas malas que yo sabía me iban a suceder allí. Mi mamá me dijo que no mirara el programa si me iba hacer llorar y ella no quería verme triste. Le causaba dolor a mi mamá cuando yo estaba triste.

Un año en Halloween, hubo una fiesta para los niños de kindergarten hasta el quinto grado. Sabía que la mayoría de los niños del vecindario iban a estar allí, y por eso yo no quería ir. Mis padres no entendieron por qué yo había decidido perderme toda la diversión. La verdad es que tenía miedo de ir porque sabía que varios niños de mi escuela podrían reconocerme y empezar a molestarme con sus burlas, igual que me pasaba en la escuela. Temía afrontar estas situaciones y la mayoría del tiempo me perdía las actividades.

Mi hermano Michael y yo nos entendemos mucho mejor ahora que cuando éramos niños. Cuando yo era mucho más joven, Michael se enfadaba mucho conmigo y usaba ese cierto tono de voz que me asustaba. Por ejemplo, cuando yo tenía unos siete años de edad, creo que en la fecha 10 de abril de 1989, destruí un libro llamado "The Official Guide of Nintendo". Una de las ventajas de tener Asperger's es que soy bueno recordando fechas y horarios. Michael, que tenía 14 años de edad en ese tiempo, usó ese tono de voz cuando me preguntó por qué rompí el libro. Me pareció como si me estuviese gritando. ¡Y para completar, mi mamá me gritó también! No fue un buen día para mí.

En otro momento, tres años más tarde, Michael se molestó conmigo mientras sus amigos estaban de visita. Empecé a hablar sobre un programa de televisión que me gustaba llamado "¿Dónde en el Mundo Está Carmen Sandiego?" Michael pensaba que yo estaba actuando tontamente y estaba un poco avergonzado al frente de sus amigos y me dijo que dejara de actuar como estúpido. Me puse a llorar y Michael me preguntó por qué estaba fingiendo las lágrimas. Después que sus amigos se fueron, Michael me pidió que comenzara a actuar como un niño de diez años en lugar de cuatro años. Yo no entendía lo que quería decir.

Después de todo eso, mi hermano ha hecho cosas muy buenas por mí y me ha enseñado mucho a través de los años. Una de las más útiles habilidades que me enseñó fue cómo tomar mensajes telefónicos. Era muy difícil para mí contestar al teléfono cuando mi abuela y yo estábamos solos en casa. Yo tenía que responder el teléfono porque mi abuela no hablaba inglés. Michael practicó conmigo hasta que aprendiera a contestar el teléfono y a tomar mensajes. Después que mis padres compraron un contestador automático no tuve que preocuparme más por el teléfono.

Después de graduarse de la escuela superior, mi hermano se fue a la universidad. Un tiempo después de su graduación de universidad, se mudó a casa con nosotros otra vez. Michael siempre me estaba contando chistes para tratar de hacerme reír. El problema fue que no entendía sus chistes, así que nunca me reía.

Es común para las personas con Síndrome de Asperger no entender bromas y humor sutil o seco. Nuestros cerebros piensan analíticamente y lógicamente, por lo tanto, a muchos de nosotros no nos gustan las bromas. Cuando le dije a Michael que no me gustaban los chistes, dejó de tratar de bromear conmigo. Él me entiende **perfectamente**. He aprendido mucho con Michael y como mencioné antes, ahora nos entendemos mucho mejor.

Capítulo Ocho

Educación en Casa

¡POR FIN PUDE TENER TRANQUILIDAD: educación en casa!

¡Y dicen que Dios no existe!

Mi mamá tomó un trabajo de noche para poder quedarse en casa y darme clases durante el día. Mi papá también compartía la responsabilidad de darme clases. Fui educado en casa por tres gloriosos años comenzando en el sexto grado. ¡Fue uno de los mejores tiempos en mi vida! Por fin me sentía cómodo en mi propio mundo; no más luchas con los niños como Kris, Teri, Byron, Jared, Rob, Cameron y otros, no más necesidad de tener que lidiar con las maestras, no más tener que montar el autobús. Nada se compara con la sensación de estar a salvo; salvo de abuso, ridículo y no tener que tratar de entender qué significaban todos esos incómodos tonos de voz.

¡Me sentía como en el cielo! ¡No te imaginas lo bien que se siente no llorar todos los días! Además de eso, ser educado en mi casa fue realmente divertido. A veces tenía clases durante los fines de semana, pero no me importaba. ¡Valió más que la pena! Durante ese tiempo, tomé lecciones de piano y fui a las óperas y obras de teatro. Mis padres me llevaron al Instituto Smithsonian y todo tipo de lugares.

El trabajo en sí era difícil. Aunque me esforzaba a obtener las respuestas correctas, confieso que a veces copiaba las respuestas. No pasaba a menudo; sólo cuando realmente no podía entender la respuesta correcta.

Al final de cada año escolar, se suponía que tenía que tomar una prueba en la escuela con los demás niños. Yo tenía miedo de ir, porque pensaba que algunos de los chicos me podrían reconocer. No quería pasar por ese tormento y la intimidación otra vez. Por lo tanto, en lugar de ir a la escuela, mis padres le pagaban a un maestro licenciado para administrar la prueba en nuestra casa.

En los próximos dos años, tuve que ir a la escuela solo para una clase de terapia del habla varias veces a la semana. No me oponía porque la maestra era amable conmigo.

Capítulo Nueve

Escuela Superior:
Repetición

LOS TRES AÑOS DE LA FELICIDAD de la educación de casa pasaron demasiado rápidamente. Antes de que me diera cuenta, me arrojaron de nuevo a los lobos, o sea, el sistema escolar. Lamentablemente, tuve que volver porque necesitaba acumular créditos para graduarme.

No mucho había cambiado durante mi ausencia. Los chicos que tanto me torturaban simplemente eran ahora más grandes y más en número.

Yo no había cambiado mucho tampoco. En la escuela, siempre estaba todavía ansioso y con miedo, constantemente preocupado de que algo iba a suceder. Lo único bueno fue que solo iba a la escuela medio día, así que no tenía que preocuparme por tener que almorzar en el comedor y tener que bregar con los chicos. Además, mi papá me llevaba a la escuela y me recogía todos los días.

Pero aun así, me intimidaban.

El primer altercado fue con una de mis maestras, la Sra. Quintana. Ella y yo empezamos mal desde el principio……. y así se quedó. Nunca entendí lo que ella quería de mí. Un día me preguntó si yo tenía mi libro. No estaba claro a qué libro se refería ya que yo tenía más de un libro. Cuando le pregunte "¿cuál libro?", ella me gritó "¡no empieces con eso!"

Su tono de voz me asustó muchísimo. Entre más yo me esforzaba, más usaba ese tono de voz. Ella era mala. Intenté explicar la situación a mis padres pero ellos pensaron que no era gran cosa.

Para mí fue una gran cosa porque la Sra. Quintana continuamente usaba ese tono de voz conmigo, incluso mientras yo estaba bien estresado acerca de la clase de computadora.

Me parecía que ella hablaba demasiado rápido y a veces ni la escuchaba. Mi intención es escuchar cuando me hablan, pero a veces no puedo si alguien está hablando demasiado rápido o si están usando un cierto tono de voz. ¿Quién puede concentrarse cuando estás asustado?

Había un chico llamado Mitch cual le encantaba molestarme. Una vez me quitó mi lápiz favorito y se negaba a devolvérmelo. Empezó a burlarse de mí diciéndome "ven quítamelo si puedes". Yo trataba de quitárselo y él sólo se reía. La situación continuó hasta que finalmente me las arreglé para llamar la atención de la Sra. Quintana señalando a Mitch pero ella no me vino a ayudar como yo esperaba. De hecho, era inútil. Su respuesta a mi dilema fue que no debí dejar que Mitch me quitara mi lápiz.

Una vez, durante el almuerzo un grupo de muchachos se juntaron para jugar un juego raro. Era un juego donde un chico se sienta en una silla y otros cuatro chicos intentan levantarlo en el aire con las puntas de sus dedos. Me parecía espeluznante y peligroso. Los chicos querían que yo me sentara en la silla para ellos levantarme pero les dije que no. Primero, no quería meterme en problemas con la Sra. Quintana y segundo, no confiaba en los chicos. Sabía que me iban a dejar caer para así poderse reír de mí otra vez.

Otra vez durante clase Billy y Mike querían hacerme correr y mover los brazos como si estuviera volando. Les dije que no pero ellos seguían insistiendo. Estaba un poco asustado, así que hice lo que me dijeron. La Sra. Quintana empezó a gritarme por correr y mover los brazos como un pájaro. No sabía explicarle que no era mi idea. Me sentía como si me estuviera ahogando en un río torrentoso. La única que podía salvarme era mi mamá. Necesitaba que mi mamá me rescatara de este horrible lugar.

Capítulo Diez

Sra. Quintana: ¿Maestra o Sargenta?

NO SÉ QUÉ ERA PEOR, lidiando con los estudiantes o los profesores. Otra de mis pesadillas fue tener que estar en la clase de la Sra. Quintana. Una vez, antes de que nos fuéramos a tomar un examen final, la Sra. Quintana me preguntó si yo había estudiado las palabras de la ciencia desde el comienzo del semestre. Mi respuesta fue, "No" porque yo no había estudiado el material de todo el semestre. Entonces dijo que estaba decepcionada por yo no estudiar el material adecuado. ¿Cómo iba yo a saber que el examen final iba a contener todo el material que habíamos aprendido? ¡Nadie me dijo! Si querían que yo estudiara todo desde el principio del año, alguien lo debería haber traído a mi atención. Nada me parecía claro en cuanto a la Sra. Quintana. Siempre me sentía terriblemente confuso.

En otra ocasión, la Sra. Quintana se acercó a mi escritorio y me pidió que usara la palabra "inclinar" en una frase. Me sentía tan intimidado que no podía pensar y empecé a ponerme nervioso. No me dejaba mover hasta que no le diera una respuesta. Finalmente, le dije, "No sé". La Sra. Quintana respondió que eso no era una respuesta aceptable. Así que me senté durante lo que me parecieron horas, tratando de idear una frase con la palabra "inclinar". La Sra. Quintana dijo: "Estoy esperando... ¿Estás pensando o haciéndome perder el tiempo?" Cuanto más trataba de pensar, más molesto me sentía. Por lo visto, mi expresión reveló mis sentimientos interiores porque la Sra. Quintana dijo, "¡Uh, uh, uh! ¡No te disgustes! "

Estaba cerca de echarme a llorar. Experimenté esa sensación de ahogamiento otra vez, como si trataba de nadar en el fango. ¡Hubiera dado cualquier cosa porque mi mamá viniera y me rescatara! Finalmente, después de aproximadamente diez eternidades pude pensar en una oración con la palabra "inclinar". No sé si estaba correcto, pero por lo menos la Sra. Quintana me dejó en paz.

Otra de las cosas bien fastidiosas que me hacían los chicos era que se pasaban haciéndome cosquillas. Los chicos eran Daniel y Conor y estaban en el grado 12. Para ellos era bien gracioso, pero para mí era horrible. No me gustaba que me tocaran y me hacía sentir bien incómodo y nervioso. No podía respirar. Los otros estudiantes se reunían alrededor y se reían mientras esto sucedía. Esta situación me volvía loco.

Como de costumbre, la Sra. Quintana no me servía de ninguna ayuda. Su respuesta fue: "Dile que dejen de molestarte". Era más fácil decirlo que hacerlo. Ella parecía que no quería incluirse en la situación porque un par de veces ella le dijo a Daniel y Conor que me dejaran en paz pero ellos la ignoraron completamente. Yo me sentía totalmente solo. No había nadie para rescatarme, ni siquiera mi mamá. ¿Te imaginas lo que es sentirse indefenso y asustado casi todos los días de tu vida? ¡Apuesto a que no puedes! Un día ya no pude más y empecé a gritar cuando Daniel y Conor empezaron a molestarme y a hacerme cosquillas mientras cantaban la canción de la Pantera Rosada No sé si fue correcto o no, pero tenía que hacer algo antes de volverme loco.

Me gustaría que Daniel, Conor, Mitch, Billy y todos esos otros abusadores pudieran leer mi diario. Entonces podrían saber qué clase de infierno tuve que soportar en sus manos. Probablemente ni siquiera me recuerdan ahora, pero la tortura, sus bromas y burlas infligidas nunca desaparecerán. Las heridas que se encuentran en el interior a veces nunca sanan. Necesitan saberlo. También necesitan saber cuántos ataques de pánico sufrí a causa de su intimidación.

Los médicos dijeron que era mejor para mí estar cerca de otros niños. ¡Que equivocados estaban! Todo lo que eso hizo fue dar a otros niños la oportunidad de torturarme. Hubiera sido mejor haber estudiado en mi casa durante el año escolar de 1996-1997, con mis padres como mis maestros, en lugar de tener que ir a la escuela. Me enferma pensar en la ansiedad y torturas innecesarias que soporté.

Por el lado positivo de la vida, logré tener un amigo. Él era un muchacho afroamericano del Bronx, llamado Karim.

Una vez que estábamos hablando, él me preguntó qué quería ser cuando creciera. Le dije que quería ser un camarero. Él respondió con una pregunta que por lo menos a mí me pareció extraña: "¿No te gustaría mas ser un chef?" Me confundí y no tenía ninguna respuesta para él. Si yo quería ser un chef lo habría dicho. Yo quería ser un camarero, no un chef. No entendí por qué me preguntó esto.

Otra vez que estaba comiendo mi merienda antes que el autobús viniera a recogerme a 11:00 AM,

Karim me preguntó por qué no estaba comiendo almuerzo. La verdad es que almorzaba en casa todos los días porque salía de la escuela a las 11:00 AM, pero no quería decirle nada de esto a Karim. No sé por qué, pero yo no quería decirle nada. Quizás porque sabía que me iba a ser muchas preguntas.

Tener a Karim como un amigo era bueno pero no siempre fue fácil para mí. Me daba trabajo a veces entenderlo. Tenía una forma de confundirme. Una vez que me ocurrió esto fue en mayo de 1997 una semana antes de la última semana de clases. La Sra. Quintana había pedido que nosotros limpiáramos el almacén. Mientras Karim y yo trabajábamos en el proyecto constantemente me repetía, "¡Marc, ayúdame, deja de perder mi tiempo!" Usó ese cierto tono de voz que me asustó. Intenté ayudar pero él seguía repitiendo "¡Espera, espera! ¡Un momento!". Sus palabras eran contradictorias… yo no entendía si él quería que lo ayudara o no. Entonces la Sra. Quintana entró a ver nuestro progreso. Fue entonces que me dijo que dejara de ser perezoso. No sabía ella que yo estaba haciendo todo en mi poder para entender y completar mi parte del proyecto.

No entendía lo que ninguno de los dos esperaba de mí, ¿cómo podría ser perezoso? Nada de esto tiene sentido. Empecé a perder confianza en Karim sobre esa experiencia. Es difícil confiar en alguien que te confunde. Todavía lo consideré mi amigo, pero no volví a verlo. Su madre había fallecido y terminó por retirarse de la escuela.

Ojalá que la Sra. Quintana viera lo que escribí sobre ella en mi diario también. Aunque es poco probable. Si tan sólo ella pudiera saber cómo ella me hizo sentir. Nadie debe ser hecho sentirse así, especialmente por los profesores. Ella y los estudiantes pensaban que era estúpido porque no hablaba mucho. En realidad, fue al revés. ¿Es inteligente intimidar a las personas con discapacidad? ¿Cuán inteligente es un maestro para no entender a sus estudiantes con necesidades especiales? La Sra. Quintana nunca entendió esto ni tampoco ni siquiera intentó. Creo que habría sido una mejor sargenta que una maestra.

Gabriela, una chica con la cual tenía un montón de problemas, me preguntó por qué yo no hablaba y si era un retardado mental. Se pasaba golpeándome en el brazo y diciendo "¡Habla! ¡Vamos, habla! ¡Habla!" Yo me preguntaba qué quería ella que yo dijera. Entonces ella aplaudía sus manos frente a mi cara diciendo "¡despierta!" Yo no soportaba el ruido. Deseaba en aquel momento que pudiera despertarme de la pesadilla de Gabriela.

Esto me recuerda otra vez cuando Nicholas me preguntó si a mí me gustaba o si odiaba a la Sra. Quintana. A pesar de que ella no era buena conmigo yo no sabía cómo responder a la pregunta de Nicholas. En esos momentos pensé que quizás hubiera sido buena idea haberle contado a mi mamá todo lo que me estaba sucediendo con la Sra. Quintana. De todos modos, no podía pensar en una respuesta apropiada para la pregunta de Nicholas, así que me quede silencioso. Él me dijo, "¡No me digas que te gusta la Sra. Quintana!" Temiendo que me metería en problemas, no importa lo que dijera, simplemente me quedé callado.

Ese es el problema con Asperger o autismo. Nunca se sabe lo que se espera de ti. Estás siempre con miedo de decir o hacer algo malo. Es un constante juego de adivinanzas y cuando estás equivocado, te puede causar muchos problemas.

Mi familia dice que debería perdonar a las personas que hicieron de mi vida un infierno cuando era más joven. No creo que pueda hacerlo — por lo menos por ahora. Causaron demasiado dolor, demasiadas veces. Me siento como si todavía hay cicatrices en mi corazón de sus maltratos.

Por otro lado, a veces tuve suerte y encontré gente que era amistosa. Por ejemplo Jeanette, una chica, del duodécimo grado me ayudó cuando yo estaba teniendo problemas con una prueba. Había estudiado y creí que recordaría todo, pero cuando llegó el momento, mi mente estaba en blanco. Jeanette fue tan amable en ayudarme. También hubo dos muchachos Travis y Lucas, que no me maltrataban. Ambos muchachos tenían impedimentos del habla. A estas personas también siempre las recordaré.

Capítulo Once

Contratiempos Con Mis Compañeros de Clase

EN LA CLASE DE MATEMÁTICAS, prefería estar lejos del resto de los estudiantes. Me sentía más cómodo estar a solas en un lugar, lejos de los demás. Un chico llamado Russ me preguntó por qué estaba tan lejos y aislado de todos. Yo no respondí, así que invitó a sus amigos a venir a sentarse a mi lado. Rogué en silencio que no lo hicieran, pero desafortunadamente lo hicieron. Pronto, allí estaban todos estos muchachos a mí alrededor. Como lo esperaba, Julio entonces decidió hacerme cosquillas. Matt también me tocaba, pero no estoy seguro si fue un golpe o un pinchazo o qué. Me asusté y comencé a infundir pánico. Por suerte, un buen chico llamado Li le dijo a Russ y sus amigos que me dejaran en paz.

Russ me volvió a preguntar por qué no estaba sentado más cerca a los otros estudiantes. Pensé que si no respondía iban a seguir molestándome, así que finalmente le conteste que no había asientos vacíos para mí. Tan pronto le di esta respuesta, me di cuenta que mi respuesta no tenía sentido. Todo el mundo podía ver que había un montón de asientos vacíos. La verdad del asunto era que era demasiado tímido para sentarme con los otros estudiantes. No creí que quisieran dirigirse a mí. Mis experiencias me habían enseñado que probablemente me dirían algo ofensivo e insultante. Yo no quería problemas y solo quería que me dejaran tranquilo.

Después, por alguna razón extraña, Russ quiso que yo le tocara su mano. Yo no quería, pero toqué su mano con los dedos, pero insistió en que yo le diera mi mano entera. Entonces, toqué su mano con mi mano entera. Era la única manera de conseguir que me dejara en paz.

La próxima vez que fui a la clase, Russ gritó al yo entrar al salón, "¡Asientos vacíos! ¡Asientos vacíos! "

Un día Ernesto me pidió la respuesta a un problema de matemáticas en nuestra tarea. No estaba seguro de cómo manejar situaciones como ésta - no estoy seguro de qué hacer. Me confunde.

Finalmente, fui a la Sra. Medina y le pregunté si los estudiantes debían dar las respuestas de un problema a otros estudiantes. Dije algo así, y estoy bastante seguro que la respuesta era no. No puedo recordar exactamente lo que dijo, pero creo que la Sra. Medina dijo, "No". Entonces me preguntó por qué había hecho esa pregunta, así que le comenté lo de Ernesto.

Más tarde ese día, Ernesto se disculpó conmigo por lo que hizo. La situación era confusa para mí, que es la norma para las personas con trastorno de Asperger. Muchas veces no sabemos si algo es visto mal o bien por la sociedad y cualquier situación se nos hace difícil.

Otra situación confusa se produjo cuando la Sra. Medina me preguntó si quería trabajar en un proyecto o algo con Jimar. Le dije que no. Tal vez debería haber dicho "No gracias", o algo por el estilo. La cosa es que yo prefiero trabajar solo. ¡Si hubieran visto la mirada extraña en la cara de Jimar cuando dije no! No estoy seguro, pero creo que me dio esa mirada debido a la forma que dije "no".

Ese mismo semestre Jimar me preguntó si me gustaba personas de diferentes grupos étnicos. Yo no sabía cómo manejar la situación. Esto me hizo recordar aquellos tiempos en el autobús escolar cuando los niños me hacían todo tipo de preguntas estúpidas y que nunca supe qué respuesta darles. No importa lo que yo le respondiera, sí o no, siempre yo salía perdiendo. Por lo tanto, yo le dije que no, y me sentí incómodo tener que responder a su pregunta. Todos mis tratos con Jimar eran confusos y me hacían sentir incómodo.

Yo no sabía lo que era la diferencia. No estaba tratando de ser malo o herir los sentimientos de ninguna persona. Lo que pasa es que no sé cómo manejar estos tipos de situaciones. ¿Cuál es la respuesta correcta en este caso? ¿Cómo se puede saber lo que es aceptable o no en la sociedad? Era tan confuso para mí. A veces creo que me estaba preguntando esas clases de preguntas para meterme en problemas.

Me hubiera gustado ser rescatado por mi mamá y volver a ser educado en mi casa otra vez. Odiaba la escuela. Solo me ha traído más confusión y lágrimas de dolor. Siempre tenía miedo de que algo me fuera a pasar mientras yo estaba allí. Los doctores estaban tan mal cuando dijeron que era mejor para mí estar con otros niños. ¡Que sabían ellos! Ellos no eran los que estaban pasando por toda esta ansiedad diariamente.

Por ejemplo, había un chico llamado Lyle el cual me puso el sobrenombre de "Paranoia". Lyle no entendía por qué yo siempre estaba callado y no hablaba casi nada, así que supongo que asumió que estaba paranoico. Lyle me dio mucha candela ese semestre. Tuve la misma sensación de ahogamiento cuando tuve que lidiar con Lyle, como hice con los chicos que mencioné antes. ¿No dejarían nunca el acoso y las burlas?

¡Ah...cómo me hubiera gustado haber sido educado en casa otra vez! Necesitaba sentirme seguro en mi casa otra vez.

Por otro lado, la matemática era mi mejor clase. Todos los demás estudiantes trataban de copiarse de mí. Rob, especialmente siempre me estaba pidiendo que le ayudara con las respuestas. Una vez le dije que no sabía las respuestas, pero Jenny dijo: "¡Oh, sí que sabes las respuestas, Marc! Sólo no quieres decirlo!" Irma, por suerte, me defendió y dijo que haría trampas si les dijera las respuestas. ¡Esto es exactamente lo que yo estaba pensando! Recogí mis libros y papeles y me moví a otra parte del salón. La Sra. Medina había oído lo que estaba pasando y me dijo, "Bien hecho, Marc. Eso es lo que tenías que hacer". Me hizo sentir bien oír esas palabras porque en esos momentos, no estaba seguro si había hecho lo correcto o no. Yo siempre estaba en una pérdida en cuanto a tales situaciones, pero esta vez pude reaccionar positivamente, gracias a Irma y la Sra. Medina.

A veces en la segunda clase de la Sra. Hunter, teníamos que entrar en grupos, lo que verdaderamente no me gustaba nada. Como siempre, me resultaba incómodo trabajar en grupos con otros niños. Ellos no querían estar cerca de mí, lo que me hizo sentir incómodo estar cerca de ellos. Era difícil para mí entender a los otros niños, también. La Sra. Hunter nos hizo formar dos equipos para jugar un juego llamado "Tabú". Es un juego en el que tienes un minuto para describir una palabra escrita en una tarjeta, sin necesidad de utilizar ciertas palabras en la descripción. Si uno de tus compañeros descubre la palabra, entonces tu equipo gana un punto.

Tuvimos que jugar a este juego el viernes antes del Día de Acción de Gracias, antes de la fiesta escolar. Terminé en el equipo de Irma y de Klara, pero ellas no me querían en su equipo. Klara sugirió que fuera a otro equipo, pero yo no quería. Irma me pidió también que me fuera, pero yo me negué. Me preguntaban una y otra vez y yo seguí diciéndoles no. Ya me estaban poniendo nervioso, pero finalmente se dieron por vencidas y me aceptaron en su equipo.

Más me hubiera gustado observar a los demás estudiantes jugar en lugar de yo estar en un equipo. Hay demasiada presión de los compañeros de equipo. O quizás hubiera sido mejor para mí sí me dejaran jugar solo contra otro concursante individual. Así no hay presión y sería más fácil para concentrarme. Me pongo nervioso cuando mis compañeros siguen repitiendo "¡vamos, Marc!" Eso sólo me confunde y se me hace más difícil describir la palabra. Además, no estaba seguro de si me estaban presionando, o tratando de darme confianza repitiendo "¡vamos, Marc!"

Cuando llegó mi turno, tuve que describir la palabra "aguja". Me tomé todo el minuto tratando de describir esa palabra pero nadie adivinó correctamente. Tenía la opción de pasar a la siguiente palabra, pero yo no lo hice. Me quedé con aguja. La peor parte de jugar "Tabú" fue cuando mis compañeros estaban tratando de adivinar diciendo muchas palabras a la vez mientras mi cerebro estaba tratando de pensar en una manera de explicarlo sin usar ciertas palabras. Había muchas cosas pasando a la misma vez y mi cerebro no se podía mantener al corriente de todo. Recuerdo que pensé que mis compañeros a lo mejor pensaban que no me estaba esforzando lo suficiente, pero era solo que no me podía concentrar con tantas cosas pasando a mí alrededor.

Odiaba jugar Tabú tanto como odiaba estar en la escuela.

Antes mencioné a un chico llamado Russ. Él me preguntaba preguntas molestas como, "¿Te gustan las chicas? ¿Te gustan los muchachos?" No me molestaba si me preguntaba sobre las chicas, pero fue otra historia cuando me preguntó sobre los muchachos. Creo que le dije que no sabía, o que no podía responder a esa pregunta. Russ entonces preguntó "¿por qué no?"

Una pregunta difícil de responder. Si decia que sí, significaría que Russ pensaba que era homosexual, si decia que no, pensaria que odiaba a los muchachos y me iba a traer problemas. Me hizo sumamente nervioso e incómodo cuando Russ me preguntaba cosas como esa. No sabía cómo manejar la situación porque no estaba seguro de que era lo correcto.

Una vez Russ tomó un lápiz, marcó su libro de estudios sociales y trató de echarme la culpa a mí. Cuando lo negué, Russ me exigió prueba de que no fui yo quien marcó el libro. Otra vez expliqué que era inocente, y él otra vez, dijo "¡Demuestralo!" Pues yo tome un borrador y borré las marcas del lápiz que había hecho en su libro. Así fue cómo lo probé. Fin de la historia.

Muy inteligente, ¿eh?

¡Por fin llegó el día cuando me gradué de la escuela superior! Había trabajado tan duro para este día y finalmente estaba aquí. ¡Me sentía tan bien recibiendo mi diploma!

Capítulo Doce

Haciendo Amigos 101: Saludando

PARA LAS PERSONAS CON SÍNDROME de Asperger, no es fácil hacer amigos. Incluso aquellos de nosotros en la "Lista A", del síndrome de Asperger nos sentimos ser solitarios, así que trato de hacer amigos. Tengo buena suerte cuando voy de compras al supermercado de mi comunidad. Las mujeres que trabajan allí, y también las clientas, son amigables — devuelven mis saludos y sonrisas. Comunicarse con los hombres es diferente y no están dispuestos a ser amigos. Algunos me dan miradas extrañas, como la vez que me siguió el tipo de seguridad porque yo "parecía sospechoso" cuando yo sólo estaba haciendo mis compras como todos los demás.

Una vez mi hermano Michael trajo una chica a nuestra casa. Me gustó mucho. Su nombre era Jacqueline. Yo quería hablar con ella pero solo me reía tontamente. ¡Estaba tan nervioso! Sin embargo, me las arreglé para sentarse a su lado en el sofá. Estábamos tan cerca que podía poner la cabeza en su hombro. Jackie se río, lo que me hizo sentir mejor.

Durante el fin de semana del Día de Conmemoración en 1994, mis padres me llevaron a la playa. Cuando estábamos descansando en la playa, mi mamá notó que había estado mirando una hermosa rubia durante bastante tiempo. Me dijo que dejara de mirar. No quería que la chica se molestara conmigo, ni nada por el estilo. Otra vez ese mismo fin de semana, estaba caminando en la playa y salude a una dama. Ella me saludó también y me dijo "Hola".

La mayor parte del tiempo tuve suerte en conocer gente en la playa. Una vez, durante el verano de 1999 fui a Tampa con mis padres. Estaba sentado en la playa solo, simplemente jugando y escribiendo los nombres de todos los luchadores de la WWE en la arena. De repente, una señora con su niña se me acercó y me preguntó qué estaba haciendo. La señora no usó un mal tono de voz ni nada por el estilo, era sólo por curiosidad. Ella se presentó a sí misma y a su hija; Darlene y

Angie eran sus nombres. Luego vino su esposo y todos tuvimos una agradable conversación. Eran una familia muy agradable y respetuosa. Fue una gran experiencia porque no me trataron como si fuera un estúpido. Durante mucho tiempo después de eso, cuando iba a la playa siempre escribía en la arena.

Saludar a las personas a veces me funcionaba pero otras veces no. Una vez que mi papá me ayudaba con mi trabajo de repartidor de revistas, nos paramos junto a una señora que estaba esperando en el mismo semáforo. La saludé a ella y ella me dio "La mirada". Otra vez saludé a una mujer embarazada. Ella me devolvió el saludo, pero luego ella me saludó con su dedo índice. Al parecer, había hecho algo indebido.

También a veces experimentaba solo para ver la reacción de algunas personas. Una vez, regresando del funeral de mi prima Daisy, hice una cara fea a unas muchachas desde la ventana de nuestro auto. Las chicas me miraron bien mal. Yo sólo quería ver qué pasaría.

Otra vez, en 1995, mientras que mi papá y yo estábamos esperando a mi mamá a salir del trabajo saludé a una dama. Supongo que no le gustó porque ella vino a nuestro auto y hablo con mi papá acerca de algo. Mi papá no estaba muy contento así que a partir de entonces sólo saludaba a la gente que conocía.

Para el año 2000 después de que me hubiera graduado de la escuela superior, saludaba a todos en el vecindario. Sin embargo, no me trajo muchos amigos — excepto por Adrienne. Adrienne tenía 15 años y vivía en mi calle. Ella asistió a la misma escuela que yo y era tres años menor que yo. A veces se paraba al frente de mi casa y hablaba conmigo. Una vez Adrienne me preguntó si conocía a Alonso y Nicholas, ambos eran estudiantes de educación especial, igual que yo. Le dije que los conocía, pero no muy bien.

Así que continué tratando de hacer amigos...

Capítulo Trece

Marc vs. Escuela Vocacional

DESPUÉS DE GRADUARME de escuela superior, quería encontrar un trabajo e ir a trabajar. Mis padres querían que yo continuara estudiando. Ellos pensaron que así yo tendría un camino más fácil en la vida. Con todo lo que me había pasado en la escuela, yo no quería estudiar más pero me sentí obligado, así que me matricule a una escuela vocacional local. Me dije a mi mismo que tal vez no sería tan malo. Tal vez no sería nada como mis años en la escuela superior.

Me equivoqué. Mis nuevos compañeros habían elevado la intimidación a una forma de arte. No todos ellos, por supuesto, algunos simplemente me ignoraban. Había un tipo llamado Gregory que me volvía loco. Siempre hacía preguntas personales y me molestaba. Una vez intentó hacerme tocar a una chica de una manera no muy apropiada. Cuando me negué, estaba muy descontento. Seguía preguntándome, "¿Qué pasa contigo? ¿Cuál es tu problema?" todo el tiempo. Finalmente, ya me tenía tan cansado que le respondí que él era mi problema. Resultó que esto fue todo lo necesario para lograr que me dejara en paz. Gregory inmediatamente concentró su atención en alguien más.

Hice lo mejor que pude en mis cursos en la escuela vocacional y me gané mi certificado. Hubo la oportunidad de continuar con mi educación, pero mis experiencias allí tampoco fueron muy positivas, así que decidí no continuar. Me sentía tan agotado para poder lidiar con todo lo que se tratara de la escuela. No quise hacer esto más.

En cambio, me matriculé en el programa de rehabilitación vocacional, lo que me llevó finalmente a mi trabajo en una atracción turística local.

Capítulo Catorce

Mi Primer Trabajo

AHORA ESTABA LISTO PARA enfrentar el mundo real como miembro de la fuerza laboral de Estados Unidos.

¡Para mí, tratar de encontrar trabajo era tremendo desafío! La transición entre la escuela y el trabajo puede ser extremadamente difícil para las personas con Asperger's. Además, una vez que los empleadores aprenden que tienes autismo, se acabó. El entrenador de trabajo asignado a mí por el programa de rehabilitación vocacional puso su corazón y alma en ayudarme con mi búsqueda de empleo. Perdí la noción de cuántos empleadores intentamos, con los mismos resultados. El truco era encontrar un empleador dispuesto a darme una oportunidad, uno que estuviera dispuesto a aceptar y trabajar con mis limitaciones y no contra ellas. Finalmente, nuestra perseverancia dio resultado y conseguí un trabajo en una de las atracciones turísticas locales.

Ahí, me convertí en un anfitrión de operaciones. Pienso que no fue una buena opción para mí, pero, ¿qué otra alternativa tenía? ¡Tratar con los turistas y estar encargado de controlar a las multitudes de gente definitivamente no era mi especialidad! Debido a mi timidez, se me hacía totalmente difícil estar a cargo del control de multitudes, responder preguntas de los turistas y tratar de hacer que la gente siguiera las instrucciones y reglas. Muchas veces yo contestaba preguntas con un "no sé."

Una vez un hombre y su hija intentaron que yo le permitiera entrada a una de las áreas, antes de que estuviera abierta para el público. El hombre dijo que tenían una cita temprano, pero esto estaba contra las reglas de dejar entrar a invitados hasta 10:00 A.M., así que les dije que consultaran con el centro de información. El hombre dijo que él había hablado con el centro de información y que tenía permiso para entrar a mi área.

Aun así, me negué. Estaba contra las reglas y yo **siempre** sigo las reglas.

Ahí es cuando realmente comenzaron los problemas. Pidió hablar con mi gerente. Bueno, me puse tan nervioso y confundido que no podía ni siquiera mirar al hombre y su hija, sin poder responder. Me quedé allí mirando al suelo. Debe haber habido una mirada trágica en mi rostro porque se había congregado una multitud de gente diciéndome que me calmara. Incluso el hombre y su hija fueron muy amables y me decían que no me disgustara. Parecían sentirse culpable por lo que me pasaba.

Una señora se me acercó y me preguntó si era diabético. ¡No, no soy diabético! ¡Cómo explicarle a la gente que tengo Asperger's! Muy frustrante.

Otro incidente ocurrió el 28 de agosto de 2002. Estaba trabajando en el turno de 8:30 a 4:00 pm y tuve un problema con un hombre de Europa. Le pedí bajarse de la hierba en el muelle y me preguntó por qué. Mi respuesta fue que él estaba demasiado cerca al agua y podría caer.

"¡Qué diablos!" ¡"Olvidate"! "¡Al diablo contigo!" el hombre de Europa me gritó, negándose a salir de la hierba. Estoy diciendo esto delicadamente porque soy un caballero. En realidad, el lenguaje que usó el hombre fue extremadamente vulgar…algo que yo no me merecía. Al principio, pensé que estaba bromeando, pero no era así…el hombre estaba seriamente enfadado conmigo. Como mencioné antes, una cosa acerca de Asperger's es que es difícil calibrar el modo de pensar de los demás y cuáles son sus intenciones.

Y luego hubo una dama empujando a un niño discapacitado en un cochecito. No sabía que el bebé era discapacitado hasta que ella me lo dijo. De todos modos, dijo que ella estaba con cierta organización y que un asociado le dijo que podría entrar con su bebé. Entonces le di mi señal de mano/brazo normal para que ella y su bebé entraran. En lugar de proceder, pidió hablar con el gerente. Esto me puso confuso, porque si yo le estaba permitiendo entrar ¿porque que quería hablar con mi jefe? ¿Qué hice mal? Usó una voz áspera sin motivo. No tenía ningún sentido para mí, y yo solamente la miraba sin decir una palabra. Entonces me preguntó si yo siempre menosprecio a niños con discapacidades. ¿De qué estaba hablando? Nunca lo sabré. Estaba totalmente perdido. Entonces empezó a gritarme en una voz bien fea, "¿Porque eres tan grosero?"

Me quedé sin palabras, tratando de resolver este rompecabezas en mi mente ¿Por qué es que ella me pregunta esta pregunta? ¿Qué le dio la impresión de que soy grosero? No he hecho nada malo. Además, soy una persona con discapacidades, así que es imposible que alguna vez haya sido grosero con otra persona con discapacidades, especialmente un bebé. Ella fue la grosera, no yo.

Como puedes ver, el trabajo era terriblemente estresante para mí. Cada día de trabajo llegaba a mi casa con dolor de cabeza y tenía que tomar analgésicos casi cada noche. Después de tres años, ya no podía más y renuncié a mi trabajo. Todavía no puedo creer que hice esto durante tres años. Me sentí orgulloso dejando a la empresa en buenos términos, y muy agradecido a ellos por darme una oportunidad.

Capítulo Quince

Acerca De Mí y De Mi Vida

TODAVÍA SOY TÍMIDO PERO he llegado a lejos en mi jornada. Soy feliz trabajando como voluntario, saliendo a cenar y a otros lugares con mi familia y amigos, escuchando música, siguiendo lo nuevo en la música — puedo nombrar a casi todos los artistas y su música. Me gusta bailar, y por supuesto, sigo escribiendo.

Me gusta cuando la familia visita, especialmente cuando mi hermano Michael viene. Él y yo discutimos boxeo, deportes y programas de televisión. Mi favorito es el programa de "Hell's Kitchen", aunque a veces no me gustan los gritos en el programa. Me recuerda a lo que pasé en la escuela y me hace sentir angustiado.

Es casi como si estoy reviviendo el acoso y burlas de mis compañeros cuando los personajes en el programa son menospreciados. Sé que todo esto es parte del programa, pero a veces me da ganas de escribir a los escritores del programa y pedirles que hagan los personajes más amigables. Me parece muy molesto y frustrante cuando la gente es cruel con los demás.

Me parece estupendo cuando Michael me lleva a la playa y nos quedamos para todo el fin de semana. Michael también me mantiene al día con las últimas novedades en tecnología. Aprendo rápido y tengo una extraordinaria memoria.

Me gustaba mucho ir a las arcadas cuando era más joven. Me encantaban porque ofrecían un escape al aburrimiento y soledad que solía sentir. Además de "Hell's Kitchen", me encantan los viejos programas de televisión como "I Dream of Jeannie" y "Bewitched". Mi hermano me compró la colección completa de cada episodio. ¡Mi hermano Michael es el mejor!

En lo que respecta a amigos, pertenezco a un grupo para adultos con síndrome de Asperger. Me gusta ir en sus viajes, siempre y cuando que no sea demasiado lejos para mí. A veces salgo a cenar con amigos. Yo también pertenezco al capítulo local de la sociedad de autismo, que ofrece excursiones y eventos agradables para los miembros y familias.

Últimamente he estado alternando con la gente en los grupos de mi mamá. He conocido varias señoras agradables allí que son bien simpáticas y que me aceptan como soy. Mi mamá y yo asistimos a muchos eventos de la comunidad y a veces hacemos trabajos de voluntario juntos. A veces mi papá va a los eventos también.

Es algo bueno para mí porque tengo la oportunidad de pasar tiempo con las personas "regulares", fuera de mis grupos, como el otro día cuando estaba trabajando de voluntario en la YMCA y tuve la oportunidad de jugar al baloncesto con alguien durante mucho tiempo.

Me gustan los medios de comunicación social para mantenerme en contacto con familia y algunos de mis compañeros de mi antiguo trabajo. Me encanta viajar con mis padres e ir en cruceros. Cada año nos vamos de vacaciones y siempre tengo que escoger el lugar.

Además, estoy pensando en tomar clases de piano de nuevo algún día. Ya puedo leer música, y con práctica, probablemente podría ser bastante bueno algún día.

También mis planes incluyen tener mi propia casa y ser más independiente. Me siento bastante cómodo con mis habilidades y aunque no puedo conducir, sé moverme por la ciudad bastante bien.

Mientras tanto, seguiré escribiendo mis historias. Mi especialidad es ficción triste. Aunque este libro es triste en partes, no es ficción. Lo que has leído aquí es 100% verdadera experiencia.

Es la historia de mi vida.

De todos modos, mi mamá dice que los personajes que creo en mis historias le recuerdan mí. Escribo mis historias con la esperanza de recuperarme de las burlas, insultos y acosos durante mi vida.

Espero que mi libro te haya ayudado, y a otros que lo han leído, a entender el trastorno de Asperger y el autismo y lo que esto significa para una persona que sea parte de la "Lista A" de síndrome de Asperger. También espero que la próxima vez que te encuentres con alguien como yo, lo trates amablemente.

Ahora que sabes un poco sobre el trastorno de Asperger y el autismo, ponte en nuestro lugar e imagínate cómo te sentirías. Si haces esto, el mundo será un lugar mejor para todos.

Finalmente, es mi deseo tener la oportunidad de conocer a otras personas que, como yo, han llorado lágrimas de dolor mientras que añoran y luchan por la aceptación en el mundo, un mundo que es tan diferente al nuestro.

Quiero decirles que ya no lloro lágrimas de dolor.

NOTE OF CHANGE FROM ASPERGER'S TO AUTISM

As of May 2013, Asperger's will be made part of a single diagnosis: Autism spectrum disorder.

American Psychiatric Association Board of Trustees Approves DSM-5
December 1, 2012
by the American Psychiatric Association

The criteria will incorporate several diagnoses from DSM-IV including Asperger's Disorder into the diagnosis of autism spectrum disorder for DSM-5 to help more accurately and consistently diagnose children with autism.